어서 와, 예수님은 처음이지?

• 저자의 캘리그라피로 쓰인 성경 구절은 개역개정을 기본으로 하였으며,
  본문에 삽입된 성경 구절은 우리말성경을 사용하였습니다.

어서 와, 예수님은 처음이지?

지은이 | 오수진
초판 발행 | 2021. 8. 25
등록번호 | 제1988-000080호
등록된 곳 | 서울특별시 용산구 서빙고로65길 38
발행처 | 사단법인 두란노서원
영업부 | 2078-3352   FAX | 080-749-3705
출판부 | 2078-3331

책값은 뒤표지에 있습니다.
ISBN 978-89-531-4051-6 03230

독자의 의견을 기다립니다.
tpress@duranno.com   www.duranno.com

두란노서원은 바울 사도가 3차 전도여행 때 에베소에서 성령 받은 제자들을 따로 세워 하나님의 말씀으로
양육하던 장소입니다. 사도행전 19장 8~20절의 정신에 따라 첫째 목회자를 돕는 사역과 평신도를 훈련시키
는 사역, 둘째 세계선교(TIM)와 문서선교 (단행본잡지) 사역, 셋째 예수문화 및 경배와 찬양 사역, 그리고 가정·상
담 사역 등을 감당하고 있습니다. 1980년 12월 22일에 창립된 두란노서원은 주님 오실 때까지 이 사역들을
계속할 것입니다.

하나님 나라의 손이 되어 예수님을 전하는
'또박또박 오수'의 그림 묵상

어서 와,

예수님은
처음이지?

글·그림
오수진

두란노

예수님이 이토록
사랑하시는 _____ 에게

목차

1장 | 예수님은

2장 | 예수님이

3장 | 예수님을

4장 | 예수님과

5장 | 예수님의

무슨 뜻인가요? 궁금해요!

추천사

처음이란 늘 두렵고, 떨리고, 설레는 마음이 복합적으로 다가오는 것 같습니다.

누구나 처음을 경험합니다. 한 가정에서 아이가 태어나면 아이는 처음 세상을 맞이하게 되고, 부부는 처음으로 아빠와 엄마가 되지요. 이 과정에서도 쉬운 것이 전혀 없습니다.

세상에 실존하는 것을 처음 경험하는 일도 쉽지 않은데, 실존하시나 눈에 보이지 않는 예수님을 처음 경험한다는 것은 더욱 힘든 일이라 생각이 듭니다. 그러나 분명하게 알 수 있는 사실은 세상에서 처음 마주하는 일과 신앙을 처음 마주하는 일은 분명 다르다는 것입니다.

세상을 처음 마주할 때는 우리가 애를 써야 합니다. 그 결과는 실패와 성공으로 구분되지요. 하지만 신앙을 처음 마주할 때는 우리를 향한 예수님의 간절함이 더 큽니다. 그래서 실패가 없습니다. 이것을 우리는 은혜라 말합니다.

신앙을 시작하는 순간부터 예수님의 은혜를 경험하게 됩니다. 예수님은 당신을 가장 사랑하셔서 이 아름다운 여정에 초대하셨고, 당신과 동행해 주십니다. 그러면 이전과는 다른 가치와 행복의 여정을 걸어가게 될 것입니다.

이 책은 오수진 작가가 신앙을 시작하면서부터 지금까지 경험한 예수님에 대한 이야기로 가득 채워져 있습니다. 신앙의 길을 먼저 걸어온 자로서 진실하게 남겨 놓은 이 글들이 예수님을 처음 알아가는 당신에게 좋은 도움이 될 것이라 확신합니다.

심석보 _김해 우리는교회 담임목사

'금손'이라 불리는 한 청년이 있습니다. 하나님이 주신 특별한 은사가 그 청년에게 있습니다. 금손 청년의 손을 거치면 아기자기하고 예쁜 작품들이 나옵니다. 하지만 특출나게만 보이는 이 금손 청년도 말씀과 씨름하며 성장통을 앓는 보통의 기독 청년 중에 한 명이었습니다. 청년이 말씀을 결실하기 위해 몸부림치는 과정을 지켜볼 때는, 안쓰럽기도 하고 마음 졸일 때도 있었습니다.

청년의 삶을 지켜보던 어느 날 문득 이런 생각이 들었습니다. "이 친구가 정말 주님을 사랑하기 위해서 부단히도 싸우고 있구나. 내 생각보다 훨씬 큰 그릇으로 자라고 있네! 이 친구의 손은 그저 여러 가지를 잘 해내는 '금손'이 아니라, '하나님 나라의 손'으로 쓰이겠다!"

3년 전부터는 하나님이 주신 말씀을 그려 인스타그램에 업로드하기 시작했습니다. 큰 꿈을 가지고 시작한 일이 아닙니다. 청년을 사랑하시되 끝까지 사랑해 주시는 예수님을 마음에 새기기 위해서 시작한 일입니다. 매주 그림 한 편을 올리던 일이 어느덧 자신을 넘어 주위 사람들을 격려하고, 교회를 위로하며, 성도들을 세워갔습니다.

그 결실이 바로 이 책입니다. 이 책은 쉼 없이 몰아치는 현대의 소용돌이 가운데 오수진 작가가 '예수님에 대해' '예수님의 사랑에 대해' 발버둥치며 직접 경험한 '아름다운 예수 사랑 이야기'입니다.

허망하고 거짓된 세상의 이야기에 지친 영혼들에게 이 책을 추천하고 싶습니다. 이 책에 그려진 그림과 기록된 글귀들을 곱씹어 볼 때, 당신의 영혼에 위로와 격려가 될 것입니다.

현명재 _서산성결교회 부목사, 국제예술교육단체 HE:ART COO

작가의 말

시대가 변해도, 세대가 달라져도 꾸준히 언급되는 주제가 뭘까 하면 "사랑"이라고 말할 수 있을 것 같아요. TV를 틀어도, 영화를 봐도, 주변 사람들과 얘기를 나눌 때도, 혼자 생각을 할 때도 끊임없이 나오는 주제이기 때문에 '사랑'이라는 단어, 그 글자 자체에는 어색함이 느껴지지 않지요.

하지만 '누군가를 사랑하고, 누군가에게 사랑받는다는 것' 이렇게 문장으로 이야기할 때면 사랑에 대해 한 번 더 생각해 보게 돼요. "사랑을 많이 받았다" "사랑을 많이 주고 있다" 하고 말하는 사람들도 그 사랑에 물음표를 붙였던 시기가 있었을 수도, 또는 앞으로 고민할 때가 찾아 올 수도 있겠지요. 결국 흔해서 쉽게 알 수 있을 것 같지만, 흔하기에 진짜를 찾기 가장 어려운 것이 사랑이라는 생각이 들어요.

또한 세상에는 '사랑'이라 표현하는 다양한 형태가 있어요. 부모와 자식 간의 사랑, 연인 또는 부부 간의 사랑, 친구들 간의 사랑(우정), 공동체 간의 사랑…. 이 사랑들은 한때는 영원할 것처럼 단단해 보이지만 상황이나 조건이 변하면, 아니 감정만 조금 변해도 물렁해지고 결국 녹아내리고 말아요. 그때 그 허무함과 실망감은 말로 다할 수

없지요. 상처라도 남지 않으면 좋겠지만, 남은 상처는 또 얼마나 깊
나요. 흔들리는 사랑은 사랑을 주는 데도, 받는 데도 어려움을 느끼
게 해요. 받은 사랑이 없으면 사랑을 주는 것이 너무 어렵게 느껴지
고, 누군가에게 사랑받는 것을 어색해 해요. 그렇기에 주고받는 사랑
의 조화는 참 중요해요.

그렇다면 사랑의 시작점은 어디였을까요? 그리고 상황과 조건, 감
정에 관계없는 사랑은 존재하지 않는 걸까요?

우리가 사랑하는 것은 하나님께서 먼저 우리를 사랑하셨기 때문입니다.

_요한일서 4:19

하나님께서 세상을 이처럼 사랑하셔서 독생자를 주셨으니 이는 그를 믿는 사람
마다 멸망하지 않고 영생을 얻게 하려는 것이다.

_요한복음 3:16

사랑의 시작은 하나님이셨습니다. 세상을 '이처럼' '먼저' 사랑하

셔서 외아들이신 예수님을 이 세상에 보내 주셨어요. 예수님을 통해 하나님이 우리를 얼마나 사랑하는지 알려 주시기 위함이었지요. 하나님은 우리가 어떤 모습을 가지고 있든, 어떤 자리에 서 있든, 어떤 사회적 위치에 있든, 어떤 배경과 환경을 가지고 있든 그 어떤 조건도 하나님의 사랑에서 우리를 끊지 못하도록 예수님을 중재자로 보내 주셨어요. '이토록' 우리를 '먼저' 사랑하신 하나님의 증거가 바로 예수님이시지요.

이 땅 위에서 진짜 사랑을 찾기에는 앞서 말한 것처럼 꼬리표가 너무도 많이 붙어요. 하지만 예수님은 그 꼬리표를 다 떼어 내고도 온전한 사랑으로 남아 계세요. 그렇기에 변하고 사라질 것들에서 사랑을 찾기보다 영원하신 예수님의 사랑을 알고 깊이 경험하기를 간절히 원해요. 그 사랑을 완전히, 온전히 다 누리지 못하고 다른 유혹에 흔들릴 때가 종종 있지만, 하나님은 그럴 때를 위해 '교회'라는 공동체를 예비하셨어요. 그리고 그 너머 당신의 마음속에, 가정 안에, 관계들 속에 항상 함께하세요. 그 예수님을 꼭 만나길 바라요.

예수님의 사랑을 전하기에 많이 부족하지만, 이 작은 책을 통해 예수님이 당신을 얼마나 사랑하시는지 조금이라도, 이전보다 더 느낄 수 있었으면 좋겠어요.

이 책을 읽는 당신을 위해 기도하겠습니다.

2021년 8월
오수진

Q. 예수님을 알고 난 후
   당신의 삶은 어떻게 달라졌나요?

저는 인생에 대해 깊고 진지하게 고민하기 전에 하나님을 믿게 되어서 삶이 어떻게 바뀌었다 말하기 애매하지만, 앞으로 살아갈 많은 날을 잘 살아 내고 싶다는 생각에 세상과 구별된 삶에 대해 고민하게 되더라고요.
그렇게 하려면 어떻게 살아가야 하는지 하나님 안에서 배워 가고 있어요!

지금보다 젊었을 때는 제 삶을 주님께 드려 주를 위해 살아야겠다는 생각에 열정적으로 살았죠. 세월이 흐르고 그 열정이 세상과 부딪히며 고민으로 바뀌자 '진짜 복음대로 사는 것은 무엇일까?' 생각하게 되더라구요. '진짜 복음대로 사는 삶은 능력이 있을 텐데…' 하면서요.
실제로 그 능력을 경험하고 알아 가면서 그동안 해결되지 않았던 족쇄들이 풀리고 자신감이 생겼다고 할까요? 복음으로 인한 자신감! 그 자신감이 교만함이 되지 않도록 지금도 계속 다듬어지고 있지요.

하나님을 알기 전에는 세상의 중심이 오롯이 `나`였다면 지금은 그 중심이 `하나님`으로 전환되었어요. 세상의 중심이 내가 아니니까 닥친 상황에서 하나님의 뜻이 무엇인지 더 고민하게 되고, 그러면서 더 신중하게 생각하고 말하고 행동하게 되더군요.

상황과 사람을 바라보는 관점이 많이 달라졌습니다. 그리고 무엇보다 욕심이 줄고 감사한 것들이 많아졌답니다.

삶이 확 바뀌었다고 말할 수는 없지만, 삶의 방향과 목적이 바뀌었어요. 예전에는 제 삶에 저밖에 없었다고 하면, 지금은 제 삶에 저만 있지 않아요.

예를 들면, 저만 잘 먹고 잘 살기 위해 노력하고 기도하기보다 주변 사람들, 이웃, 공동체를 위해 더 많이 기도하게 된 것? 제 삶에 하나님이 주신 사람들이 다 들어 있는 기분이에요.

하나님 안에서 함께 행복해지도록 기도하고, 그로 인해 하나님이 기뻐하시는 것이 제 삶의 목적이 되었어요!

하나님을 믿으면
삶이 180도 달라질 거라 생각하는 사람들이 많지요?

물론 그런 경우도 있지만, 이렇게 하나님의 은혜가 각자의 삶에 녹아 스며드는 경우도 많답니다. 내가 고집했던 이전과는 다른 가치와 행복이 매일매일 쌓여 가죠.

하나님이 나의 삶을 어떻게 녹여 내실지, 나를 어떤 모습으로 가꾸어 가실지 함께 경험했으면 좋겠어요!

당신도 예수님을 만나 보실래요?

"어서 와, 예수님은 처음이지?"

1장 | 예수님은

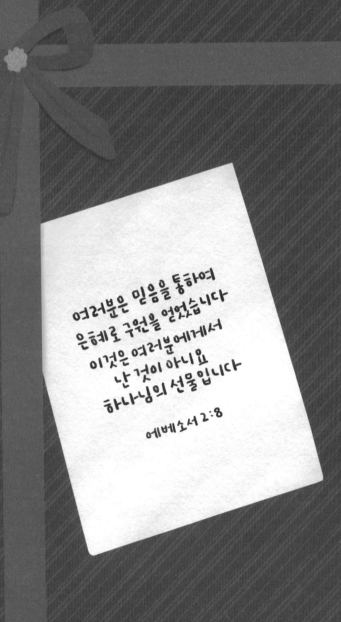

여러분은 믿음을 통하여
은혜로 구원을 얻었습니다
이것은 여러분에게서
난 것이 아니요
하나님의 선물입니다

에베소서 2:8

/ 하나님이 보내 주신 선물

흔히들 믿음은 '내가 갖는 것'이라 생각하지만,
사실 믿음은 '하나님이 주시는 선물'이에요.
하나님은 그 선물의 증거로 우리에게 예수님을 보내 주셨죠.

하나님은 예수님을 통해
내가 얼마나 큰 사랑을 받고 있는지 알게 해 주시고,
나의 은밀한 죄까지 용서받게 해 주시고,
나는 작지만 크신 하나님이 나의 아버지이심을
고백할 수 있게 해 주셨어요.

구하는 대로 주시는 하나님께 구원의 선물을 구합시다.
그리고 그 받은 선물로 믿음의 여정을 걸어갈 수 있는 은혜를
우리 함께 누려요.

/ 누구보다 당신을 잘 아세요

예수님은 다 아세요.

그 누구보다도,
그 무엇보다도
당신을 가장 잘 아시는 분이에요.

당신이 무엇을 좋아하고 싫어하는지,
당신이 어떤 것에 관심이 많은지,
어떤 생각을 하고, 어떤 마음을 품고 있는지 다 아세요.

나를 그 누구보다 잘 아시는 예수님께
나의 모든 것을 맡겨 드려요.

그러면 그 어떤 것보다 가장 좋은 길로,

최선의 길로 인도해 주실 거예요.

/ 가장 높은 곳에서 가장 낮은 곳으로 오신 분

가장 높고, 가장 빛나는 자리를 내려 놓으시고 이 세상 가장 낮은 곳으로 오신 예수님.

예수님은 어떤 대우를 받으려고 오신 것도, 누구에게 인정을 받으려고 오신 것도 아닙니다. 그저 우리를 사랑하셔서, 당신을 그토록 사랑하셔서 오셨습니다. 사랑하는 자들이 묶여 있는 죄에서 벗어나 자유하길 원하셔서 오셨습니다.

처음에는, 아니 그 후에도 예수님의 희생적인 사랑을 감히 다 헤아릴 수도, 이해할 수도 없었지만 예수님을 알아갈 수록 조금씩 그 사랑도 알아 갈 수 있습니다.

알아 가고 경험하고 있는 그 값진 사랑을 값싸게 만들지 않도록 예수님을 더욱 진정으로 고백하고 사랑하겠습니다.

예수께서 들으시고
그들에게 이르시되
건강한 자에게는
의사가 쓸데없고
병든 자에게라야
쓸데 있느니라
나는 의인을 부르러 온 것이 아니요
죄인을 부르러 왔노라

하시니라

마가복음 2:17

/ 당신을 위해 이 땅에 오신 분

당신이 어떤 행색을 갖추고 있기에 예수님이 찾아오신 것이 아니에요.
당신이 어떤 조건을 채웠기에 예수님이 보러 오신 것이 아니에요.

알게 모르게 짓고 있는 크고 작은 죄들,
자꾸만 악의 길로 걸어가게 만드는 세상의 조건들,
모른 척, 아닌 척 살아가고 있지만 마음 한편에 가지고 있는 아픔들,
예수님은 그로부터 당신을 건져 내기 위해 당신을 찾아오셨답니다.

당신을 위해 의인으로 찾아오신 예수님을 만나 보실래요?

하나님의 사랑의 증거,
무지개를 주셨듯이
예수님을 우리에게
보내 주신 하나님

하나님 사랑의 증거

하나님께서 말씀하셨습니다.

"이것이 내가 나와 너희 사이에, 또한 너희와 함께 있는

모든 생물 사이에 대대로 영원히 세우는 내 언약의 증표다.

내가 구름 속에 내 무지개를 두었으니

그것이 나와 땅 사이에 세우는 언약의 표시가 될 것이다.

내가 땅 위에 구름을 일으켜서 그 속에 무지개가 나타날 때

내가 나와 너 사이에 그리고 모든 종류의 생물들 사이에 세운

내 언약을 기억하겠다.

물이 홍수가 돼 모든 육체를 멸망시키는 일이

다시는 없을 것이다.

무지개가 구름 속에 나타나면 내가 그것을 보고

나 하나님과 이 땅 위의 모든 육체 사이에 세운

영원한 언약을 기억하겠다."

창세기 9:12-16

/ 나의 토기장이

주님은 우리 한 사람, 한 사람을
하나님 형상대로 만드시고,
우리 한 사람, 한 사람을
사랑으로 빚으셨어요.

우리의 어느 한 부분도 대충 만들지 않으시고
정성으로 빚으신 주님!
내가 얼마나 귀하고 소중한 존재인지
주님의 손길을 통해 알아 갑니다.

주님은 나의 토기장이
나는 주님이 빚으시는 질그릇

예수님은 나의 소망
나는 예수님의 기쁨

/ 나의 소망, 나는 예수님의 기쁨

내가 하나님을 믿지 않고,
예수님을 모르고 살았을 때, 혹은 모른 척하며 살았을 때도
그분은 나를 사랑하셨고 지금도 여전히 사랑하고 계세요.

아무것도 아닌 나를 기뻐하시고,
아무것도 아닌 나를 사랑하세요.

'무엇을 해야 예쁨을 받을까?'
'이렇게 하면 인정을 받을 수 있을까?'
'내가 누군가에게 없어서는 안 될 존재이긴 할까?'
이런 고민들도 예수님 앞에선 아무것도 아닌 것이 된답니다.

당신의 시선을, 당신의 마음을, 당신의 소망을
예수님께로 돌려 보세요.
기다림 끝에 기쁨으로 온 당신을
그 어느 때보다 반가이 맞이해 주실 거예요.

내가 흔들릴 때
단단한 반석이 되어 주시고,
어떠한 상황 속에서도 보호해 주시고
나의 요새가 되어 주시며
나를 죄에서 건져 주시는 예수님.

쉼이 필요할 때면
기대어 누울 수 있는 바위가 되어 주시고,
두려움에 떨 때 방패가 되어 주시며,
나를 구원해 주시고,
나를 둘러싸고 있는 어려움에서 지켜 보호해 주시는 예수님.

주님은 내가 평생 찬양할 대상이십니다!

주님은 나의 반석

나의 요새

나를 건지시는 분

나의 하나님은 내가 피할 바위

나의 방패

나의 구원의 뿔

나의 산성이십니다

/ 다 관심 없으세요!

당신이 몇 평의 집에 살든, 건물을 몇 채나 가지고 있든

통장에 잔액이 얼마나 있든,

빚이 얼마나 있든

누구나 부러워하는 외모를 가졌든,

그렇지 않든

높은 직책

사회적으로 높은 위치에 있든.
누군가를 섬기는 자리에 있든

어느 학교를 나왔든,
내로라하는 스펙을 가졌든,
사회에서 인정을 덜 해 주는 능력을 가졌든

모두가 원하는 인기를 가졌든,
상당히 넓은 혹은 좁은 인맥을 가졌든

예수님은 다 관심 없으세요

예수님은 당신의 소유나 재산이나 외모,
사회적 위치나 학력이나 스펙, 인기에
관심이 없으세요.

그것들은 당신을 꾸며 주는 듯한 잠시뿐인 조건들이지,
오롯이 당신을 비춰 주는 것이 아니니까요.

예수님은 오직 당신, 당신의 존재 그 자체만을 보신답니다.
당신을 그럴듯하게 포장하고 있는 것들을 벗어버리고
예수님께 편안히 나와 보세요.

가진 것이 없어도, 내세울 만한 것이 없어도
있는 모습 그대로 사랑해 주시는 예수님을 만나 보세요.

예수님은 지금도
당신을 기다리고 계세요

보라. 내가 문 앞에 서서 두드리니
누구든지 내 음성을 듣고 문을 열면
내가 들어가서 그와 함께 먹고
그는 나와 함께 먹을 것이다.

요한계시록 3:20

주님은 나의 반석
나의 힘새
나를 건지시는 분
나의 하나님은 내가 피할 바위
나의 방패
나의 구원의 뿔
나의 산성이십니다

■이렇게 묵상하게 되었어요 ✏➤

　시편을 보면 주님을 찬양하는 말씀이 참 많이 나와요. 그 말씀을 묵상하다 보면 '나는 어떤 모습으로 주님께 고백을 드릴까?'라는 생각을 하기도 해요.

　첫 번째 스케치처럼 예수님과 마주 보며 고백할까? 생각하니 뭔가 쑥스러울 것 같았어요. 그래서 언덕 위에 앉아 아름다운 하늘과 풍경을 바라보며 무심한 듯 고백을 드리면 좋겠다는 생각이 들었지요. 그림을 그리다 보니 '가장 편안한 자세로 고백하면 어떨까?' 하는 마음이 들어서 하늘 아래 잔디밭에 누워 예수님을 찬양하는 모습을 그리게 되었어요. 나의 이런 모습이 예수님 보시기에 귀여워 보였으면 좋겠어요!

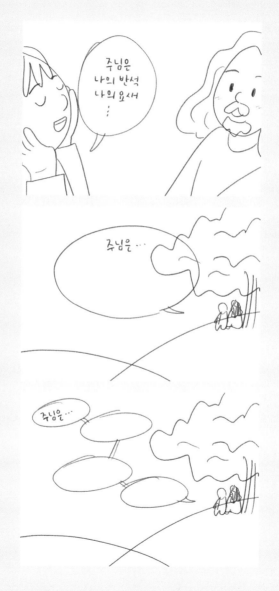

2장 | 예수님이

/ 이 땅에 오신 이유

하나님께서 세상을 이처럼 사랑하셔서 독생자를 주셨으니
이는 그를 믿는 사람마다 멸망하지 않고
영생을 얻게 하려는 것이다.
하나님께서 자신의 아들을 세상에 보내신 것은
세상을 심판하시려는 것이 아니라
그 아들을 통해 세상을 구원하시려는 것이다.

요한복음 3:16-17

/ 매일 준비하시는 것

오, 왔구나!
너에게 줄 것이 있어
준비하고 있었단다.

어제도 선물 주셨잖아요.
오늘도요?

그건 어제의 너를 위한 것이었고,
오늘 준비한 건 오늘의 너를 위한 것이지.

우와! 어제보다
더 큰 사랑이네요!
감사해요, 예수님!

나를 위해 매일매일
사랑을 준비하시는 예수님

작년에, 지난달에, 혹은 어제
예수님께 큰 사랑을 받았으니까 오늘은 기대하지 않고 있나요?
그렇게 받고도 또 받으려 해서
마치 내가 양심 없는 사람인 양 느껴질 때가 있나요?

오히려 예수님은 당신이 그 사랑을 항상 기쁘게 받기를
기대하고 계신답니다.

지난날 동안 당신을 위한 사랑을 준비하셨던 것처럼
오늘의 당신을 위해 사랑을 준비하셨고,
내일의 당신을 위해서도 더 큰 사랑을 준비하고 계세요.

조건 없고, 한없는 그 사랑을
기쁨과 감사함으로
두 팔 벌려 받아 보세요!

/ 영원히 지키시는 약속

이 땅 위에 영원한 것은 없습니다.
우리는 영원한 사랑, 영원한 약속, 영원한 무언가를 빌지만
지금과 내일의 마음마저 한결같기 어려워
조금이라도 상황이 변하고 조건이 바뀌면
그 결심들이 흔들릴 때가 대부분이지요.

하루가 다르게 변하는 세상 속에서
우리에게, 나에게 약속한 것들을 반드시 지키시고
번복하지 않으시는 분은 오직 주님 한 분뿐이십니다.

당신을 오늘도, 내일도 변함없이 사랑한다 약속하십니다.
당신을 죄로부터 구원하신다 약속하십니다.
그 약속을 이 땅 위에서, 그리고 그다음까지도 영원토록 지키시는
예수님을 믿습니다.

시간 따라 변하는 하늘
계절마다 달리 느껴지는 공기
몽실몽실 구름
알록달록 꽃과 나무들
사랑하는 우릴 위해
아름답게 만드신 이 세상을
더욱 사랑해야지

/ 보여 주시는 아름다운 세상

가장 아름다운 것들로, 가장 보기 좋은 것들로
이 세상을 채워 주시는 주님.

그 아름다운 것들을 제대로 바라보지 못하고
불평하고 원망만 하며 살아가고 있지는 않은지 되돌아봅니다.

선물해 주신 이 땅에서 살아가고 있는 매일의 순간들을
더욱 감사하며 살아가겠습니다.
더욱 사랑하며 살아가겠습니다.

그중에 내가 가장 감사하며 사랑할 분은 예수님이십니다.

/ 염려하지 말라 하세요

오늘의 염려, 내일의 근심, 그다음 날의 걱정
거기다 지난날들의 후회와 먼 미래의 두려움까지 마구 쌓여서
오늘 나의 하루가 덜 행복했던 적은 없었나요?

그렇게 하루하루를 허투루 보내다 보니
주님이 기쁘게 주신 하루를, 삶을
걱정과 슬픔으로 사는 날이 많은 것 같아요.

주님이 선물해 주신 오늘 하루를
당신이 행복하게 살았으면 좋겠어요.

근심, 걱정이 있으면 혼자 앓기보다
주님이 보내 주신 내 옆에 있는 사람들과 얘기를 나누며
그 안에서 위로받기도 하고,
무엇보다 주님께 토로하며
참 위로와 참 평안이 어떤 것인지 느껴 보았으면 좋겠어요.

주님은 항상 당신을 향해 귀 기울이고 계신답니다.

그러므로 내일 일을 위하여
염려하지 말라
내일 일은 내일이 염려할 것이요
한 날의 괴로움은 그 날로 족하니라

마태복음 6:34

/ 기다리시는 기도

예수님은 당신의 모든 것을 아세요.

그래서 당신이 어떤 것을 원하는지, 당신의 기도 제목이 무엇인지도 다 아시지요.

그렇지만 주님을 향한 그 바람을, 그 기도를 당신의 입을 통해 직접 고백하기를 원하신답니다.

가끔은 당신이 바라고 원하는 것들에 묵묵부답이실 때도 있지만, 거기에는 당신을 향한 뜻이 담겨 있어요.

예수님은 당신이 건강하고, 올바른 길로 가기를 가장 원하시는 분이니까요. 그만큼 당신을 사랑하시고 아끼시니까요.

너는 내게 부르짖으라
내가 네게 응답하겠고
네가 알지 못하는
크고 은밀한 일을 네게 보이리라

예레미야 33 : 3

/ 빚으시는 그릇

딱 정해져 있는 건 아니지만, 그릇에는 각기 용도가 있어요.

어떤 그릇은 밥그릇으로,
어떤 그릇을 국그릇으로,
어떤 그릇은 앞 접시로 쓰기 좋아요.
어떤 그릇은 샐러드를 담기 좋고요,
어떤 그릇은 다과나 과일을 담기 좋아요.

이렇듯 우리도
각자의 모습대로 담을 수 있는 것들이 다르답니다.

'저 사람은 저만큼이나 담네'
'나는 이것밖에 안 되나?'
비교하고 마음 아파하기엔
우리 각자의 그릇이 다른 걸요!

나의 그릇에 알맞은 것으로,
알맞은 양으로 채워 주시는 주님을
기대해 보세요.

/ 선물해 주신 하루

'오늘'은 눈을 뜨면 시작하는 당연한 날이 아니에요!
주님이 당신만을 온종일 생각하시고 또 생각하시며
고르고 또 골라 선물해 주신 특별한 날인 걸요!

선물 받은 소중한 오늘을 기쁘고 감사한 마음으로 가득 채워 보내요.
오늘이라는 선물 상자를 채워 볼까요?
꼭 큰 것이 아니어도 돼요.
작고 소소해 보이는 것들부터 하나씩 찾아 봐요.

그런 하루가 모이면 행복해지는 삶이 되고.
주님도 그런 당신을 보시고 기뻐하실 거예요.
지금 떠오르는 감사한 것으로 또 상자를 채워 봐요!

나의 생각과
나의 기대와 예상을 넘어
놀라운 길로 인도하시는 주님

/ 인도하시는 놀라운 길

즐겁다가도 고단하고, 행복하다가도 슬픈 날이 찾아오지만 그 길은 나 혼자서 걷는 길이 아니니, 그 길의 끝엔 여태껏 느꼈던 행복과는 감히 비교할 수 없는 그런 기쁨이 기다리고 있으니 오늘도, 내일도, 앞으로도 담대히 걸어가 보려 합니다.

당신의 길에도 예수님이 함께 걷고 계신가요?

현재의 고난은 앞으로 우리에게 나타날 영광과

족히 비교할 수 없다고 생각합니다.

로마서 8:18

/ 채워 주시는 빈자리

어떤 것이든 가져와 채워 넣어도 자리가 휑했던 경험이 있나요?

너무 작아서 그런가 싶어 더 큰 것으로 찾아보기도 하고, 너무 적어서 그런가 싶어 더 많이 가져와 가득 채워도 느껴지는 빈자리. 어떤 것을 가져와도 잠시 동안은 메꿀 수 있을 것 같은데 어느샌가 다시 텅하니 허해지는 그 자리.

그 빈자리는 세상의 어떤 것으로도, 세상의 누구로도 채울 수 없답니다. 오직 예수님만이 그 빈자리를 채우실 수 있기 때문이에요. 모두의 마음 어느 한편에 예수님을 위한 자리가 있는데, 그 자리를 자꾸 다른 것으로 메꾸려고 하니 계속 부족한 느낌이 드는 거지요.

이제는 그 자리가 예수님의 자리임을 인정하고 고백합시다.

예수님! 어서 오셔서 제 빈자리를 채워 주세요!

내 마음의 한 자리

가장 귀한 그 자리

주 오셔서 다스리소서 주님만 나의 영광

"내 마음의 한 자리" 중에서

■이렇게 묵상하게 되었어요 ━━━━▶

'예수님이 인도하시는 길'을 묵상할 때면 왠지 언덕 너머 보이지 않는 것을 기대하는 모습을 떠올리게 돼요. 그 생각을 어느 한적한 숲길을 예수님과 걸어가는 모습 으로 표현해 보았어요. 그 길 끝에 있는 것이 어떤 것인 지는 각자 상상해 볼 수 있게요. 원래 노을이 지는 하늘 을 그리고 싶었는데, 어둑한 하늘보다는 화창하게 파란 하늘에 뭉게구름이 떠 있는 모습이 더 희망찬 느낌이 들 어 완성된 묵상 그림은 하늘이 밝아요. 그리고 예수님과 손잡고 걸어가는 모습을 더 부각시켜 그리고 싶어서 스 케치에 있는 나무들을 그리지 않고, 인물을 더 가까이에 두었답니다.

3장 | 예수님을

예수님의 마음이
곧 나의 마음이 되고

예수님의 생각이
곧 나의 생각이 되길

/ 만나려면?

예수님을 만나려면 어떤 조건이 필요할까요?

가진 것이 많아야 손 내밀어 주실까요?
외적으로 아름답고 멋져야 인정해 주실까요?
쭉쭉 적어 내려갈 수 있는 화려한 스펙을 가져야 할까요?
착하기만 하면 될까요?

아니요!

예수님이 우리 죄를 용서하기 위해
십자가에서 죽으시고 다시 살아나셨음을 믿고,
예수님을 주님으로 고백하고,
진실함으로 하나님께 나아갈 때
예수님을 만나는 구원을 얻을 수 있어요.

당신에게 구원이 믿어지고,
예수님을 만나게 되는 은혜가 있길 바라요.

믿음이 없이는
하나님을 기쁘시게 하지 못하나니
하나님께 나아가는 자는
반드시 그가 계신 것과
또한 그가 자기를 찾는 자들에게
상 주시는 이심을 믿어야 할지니라

히브리서 11:6

내가 어떤 모습이든
내가 어떤 상황이든
내가 어떤 상태이든
있는 모습 그대로
사랑해 주시는 예수님

/ 있는 모습 그대로

내가 <u>스스로</u> 빛날 때 인정해 주시는 분이 아니라, 내가 빛을 내지 못할 때에도 사랑한다 해 주시는 예수님.

내가 적당히 괜찮은 상황일 때 손 내밀어 주시는 분이 아니라, 다시는 일어설 수 없는 상황 속에서도 잡은 그 손을 놓지 않으시는 예수님.

조금만 신경 쓰면 괜찮아지겠다 싶은 상태일 때 도와주시는 분이 아니라, 어떤 상태라 설명할 수도 없이 깊은 곳에 갇혀 있을 때에도 찾아와 주시는 예수님.

내가 가진 조건이 볼품없고, 나를 꾸며 주는 수식어가 없더라도 나의 있는 모습 그대로를 사랑해 주시는 예수님.

우리 예수님은 그런 분이세요.

네 마음을 다해 여호와를 믿고

네 지식을 의지하지 마라.

네가 하는 모든 일에서 그분을 인정하여라.

그러면 그분이 네 갈 길을 알려 줄 것이다.

잠언 3:5-6

/ 의지하며 한 발 한 발

감히 사람의 생각으로는
주님의 그 크신 뜻을 다 헤아릴 수 없음을 고백합니다.

'이 길을 가라고요?' 하며 당혹스럽고 막막할 때도 있지만
곧 '뭐, 주님 뜻이 있겠지!' 하며
주님이 함께하시니 아무 염려 없다는 듯
그렇게 씩씩하게 한 발, 한 발 내딛겠습니다.

주님, 내 가는 걸음마다 함께해 주세요.

사람의 한 부분만 보고서 그 사람을 판단하는 것은 쉽지 않을뿐더러, 좋은 행동도 아니에요. 장님이 코끼리 다리를 만지는 것과 같지요. 마찬가지로 예수님의 단면만 보고 그분이 누구신지 판단한다면 예수님과 가까워질 수 있는 기회를 놓치고 말아요.

예수님이 누구신지, 예수님이 무엇을 하셨는지, 예수님이 좋아하시는 것은 어떤 것이고, 예수님이 하시려는 일이 무엇인지 관심을 가지고 알아간다면 지금 당장은 아리송하고 이해가 안 되는 일들도 곧 고개 끄덕여지는 날이 올 거예요.

그리고 무엇보다 예수님과 아무런 연관도 없어 보이는 나를 왜 사랑하시는지, 아무것도 아닌 나를 얼마나 사랑하시는지에 대한 물음표도 곧 느낌표로 바뀔 거예요.

/ 신뢰해요

누군가를 신뢰하기까지는 많은 시간이 필요해요. 신뢰는 서로를 알아 가는 길고 다양한 과정에서 서서히 쌓이는 것이기 때문이지요. 그리고 그 신뢰를 유지하는 데도 많은 시간과 서로의 노력이 필요해요.

하지만 그렇게 오랫동안 차곡차곡 쌓인 신뢰가 무너지는 것은 갑자기 밀려 들어온 파도 한 번에 정성스레 쌓아올린 모래성이 쓸려가듯 순식간이에요. 그래서 신뢰했던 모습이 배신감으로, 실망감으로, 분노로 바뀌고 심지어 관계의 단절까지로도 이어지는 것을 많이 볼 수 있어요. 그만큼 '신뢰'는 관계에서 참 어려운 것이지요. 신뢰는 일방적으로 하는 것이 아니라, 양방향으로 함께 쌓아야 하기 때문이에요.

예수님이 당신을 향해 무한한 사랑을 보이시고 끊임없는 신뢰를 가지고 계시더라도 당신이 예수님을 모른 채 살아간다면 예수님이 준비해 두신 그 사랑과 신뢰를 받을 수도, 경험할 수도 없을 거예요.

하지만 걱정 마세요. 예수님은 당신을 향한 사랑과 신뢰를 절대로 거두지 않으십니다. 당신이 예수님을 알고, 바라고, 신뢰하기를 결단한다면 예수님은 당신에게 더 큰 신뢰를 보여 주실 거예요.

"주님께서
친히 그대 앞에서 가시며,
그대와 함께 계시며,
그대를 떠나지도 않으시고
버리지도 않으실 것이니,
두려워하지도 말고
겁내지도 마시오"

신명기 31:8, 새번역

닮아 가요

'예수님을 닮아 가라'는 말이 부담스럽게 느껴질 때가 많습니다. 예수님은 고난 중에도 기쁨과 감사함으로 인내하라 하시고, 이웃을 내 몸과 같이 사랑하라 하시며, 심지어 원수마저 사랑하라 말씀하시기 때문입니다.

그 말씀을 '예수님이니까 가능한 거겠지. 예수님이니까 그러셨던 거겠지' 하며 예수님을 그저 한 명의 선인이나 영웅으로 생각하고 나와는 무관한 것처럼 넘겨버리곤 합니다. 하지만 예수님은 TV나 영화 속 히어로물에 나오는 영웅이 아니십니다. 우리와 같은 사람의 모습으로 오셔서 우리와 똑같이 고통을 느끼시고, 유혹을 당하시고, 슬픔과 좌절을 맛보셨습니다.

그렇기에 우리의 어려움에 더욱 공감하실 수 있고, 우리를 위로해 주실 수 있습니다. 그렇기에 우리에게 불가능한 것을 요구하지 않으십니다.

예수님을 닮아 간다는 것은 어떤 근사하고 화려한 삶을 살아 내라는 것이 아니라, 하나님보다 이웃보다 내가 더 낮아지고, 그 낮은 곳에서 내가 가진 사랑을 크기에 상관없이 나누며 사는 삶을 뜻하는 것일 겁니다.

첫걸음을 떼기에는 너무나 어려워 보이는 길이지만, 예수님을 알아 가며, 예수님을 바라보며 한 걸음, 한 걸음 걸어가다 보면 어느샌가 예수님을 닮아 가고 있는 나의 모습을 발견할 수 있을 것입니다.

/ 방패 삼으세요

예수님은 하나님이 보내 주신
당신의 가장 튼튼하고, 가장 안전한 방패이십니다.

알아차리기도 전에 당신의 삶을 휘젓고 있던 것들,
갖가지 모습으로 당신의 삶과 마음을 어지럽히고
혼란스럽게 하는 것들로부터 예수님을 방패 삼으세요.

"나의 방패 되시는 예수님을 신뢰합니다!"라고 고백할 때 주시는
안전함과 참 평안을 매일매일 누리기를 소망합니다.

[THE WORD OF THE LORD]

영원하신 하나님이 네 처소가 되시니
그의 영원하신 팔이 네 아래에 있도다
그가 네 앞에서 대적을 쫓으시며 멸하라 하시도다 _ 신명기 33:27

■이렇게 묵상하게 되었어요 ━━━━

　조용한 방 안에서, 혹은 카페에서 이어폰을 꽂고 찬양을 듣거나 말씀을 읽다 보면 자연스레 예수님을 묵상하게 돼요. '내 마음을 보고 예수님은 어떤 생각을 하실까?' '이 상황에서 예수님은 어떻게 행동하실까?' 하는 묵상으로 이어질 때도 많지요. 그럴 때면 왠지 편하게 턱을 괴고, 눈을 감고 있을 때가 많은데, 이 묵상 그림은 그런 모습을 그림으로 그려낸 것이랍니다.

　스케치를 할 때는 상상하듯 말풍선 안에 예수님을 그렸는데, 점점 예수님을 깊이 생각하다 보니 예수님과 같은 공간에서 같은 생각을 하고 있는 것 같은 모습이 상상되었어요. 그래서 예수님과 함께 탁자 위에서 턱을 괴고 눈을 감은 채 같은 생각을 하고 있는 그림을 그리게 되었답니다.

4장 │ 　　　예수님과

/ 발 맞춰 걸어가는 길

내일의 일도 막막한 오늘,
자꾸 예수님보다 내가 앞서 걸어가려 합니다.

먼저 알고 싶고, 미리 준비하고 싶고,
일찍 계획해 두고 싶은 마음이 잘못된 것은 아니지만,
예수님이 계획하시고 일하실 것을
의심하는 마음은 잘못된 것이지요.

내 삶을 이끄시는 분은 주님이십니다.
그보다 더 든든하고 안전한 길은 없습니다.

앞으로의 나의 삶도
예수님과 같이, 예수님의 보폭에 맞춰
함께 걸어갈 것입니다.

사람의 걸음은 여호와께서 인도하시니

사람이 어떻게 자기 길을 알 수 있겠는가?

잠언 20:24

/ 함께하는 하루

예수님과 함께 하루를 시작했을 때,
하루를 능히 살아 낼 수 있는 힘을 주십니다.

예수님과 함께 하루를 살아갈 때,
순간마다 가장 적절하고 필요한 말과 행동을 할 수 있는
지혜를 주십니다.

예수님과 함께 하루를 마무리할 때,
하루를 되돌아볼 수 있는 겸손함과 감사함을 주십니다.

예수님과 함께하는 당신의 하루는 어떨지 생각해 봐요.
내일은 당신이 생각하는 그런 하루가 될 거예요.

주님의 사랑과 긍휼이
아침마다 새롭고
주님의 신실이 큽니다

예레미야애가 3:23, 새번역

어느 날 문득 떠오르는 감사한 일.

'내가 언제, 어떻게 여기까지 왔지?'

노을지는 가을 바다
애슬나 하트♥

아름다운 첫눈 감사해요

후회 없이 노력할 수 있게 힘 주신 분도 예수님이시고, 지쳐서 모든 것을 내려놓고 있을 때 쉴 곳이 되어 한숨 돌리게 해 주신 분도 예수님이시며, 컴컴해서 한 발 내딛기조차 두려운 길을 걷고 있을 때 빛이 되어 주시고 인도자가 되어 주신 분도 예수님이셨습니다.

내가 느끼고 인지하지 못할 때에도 예수님은 항상 내 앞에 계셨고, 옆에서 함께해 주셨고, 뒤에서 지켜 주셨습니다.

당연히 여겨 왔던 그 은혜와 사랑이 당연한 것이 아니었음을 고백합니다. 앞으로 지나온 그 시간들보다 나를 더 사랑해 주시고 나의 길을 밝혀 주실 분도 예수님이심을 고백합니다.

/마무리하는 하루

당신의 오늘은 어땠나요?

해야 할 크고 작은 일들에 둘러 싸여 내가 어디에 서 있는지 느껴 볼
시간도 없었나요? 무엇을 해야 할지 몰라 갈팡질팡 고민하고 고민
하다 흘러가는 시간만 바라보고 있지는 않았나요? 아니면 그 어느
때보다 행복하고 뿌듯한 하루를 보냈나요?

각자 다른 삶을 살고 있는 만큼 각자의 하루가 다 달랐겠지요. 하
루의 시작과 끝이 다 다르고, 그 형태가 다 다르지만 예수님이 항
상 함께하심은 누구에게나 같답니다. 하루 동안 함께하시는 예수
님을 얼마나 자주 생각했는지, 자주 바라보았는지는 사람마다 다
르겠지만요!

당신의 오늘은 예수님과 함께였나요?

바쁘게 굴러간 하루, 혹은 나만 멈춰 있는 것
같은 하루를 살아 내느라 고생한 당신이 그
하루를 마무리하는 시간만큼은 예수님과 더
욱 가까워졌으면 좋겠습니다.

하루 동안 나와 함께하시며, 알게 모르게 나
를 사랑하시고 보호해 주신 예수님께 나의
하루를 도란도란 나누며 평안한 밤을 보냈
으면 좋겠습니다.

내가 평안히 눕고
자기도 하리니
나를 안전히 살게
하시는 이는
오직 여호와이시니이다

시편 4 : 8

뭐 해 먹고 살래? 난 늦었어
난 못해

더 바쁘게 행복해지려면
더 멀리 더 해야지, 더 가져야지
더 많이

 실패

넌 안되겠다 이게 또
맞을까? 떨어졌어?
맞는걸까? 에휴...

왜 나야? 외로워,,,

돈만 많았어도... 우울해
사라지고싶다

넌 도대체
제대로 하는게 뭐니?

/ 깨끗하게 청소해요

당신의 마음을 저릿하게 만들고,
생채기 위에 또 상처를 내고,
안 그래도 퍽퍽한 삶을 더 건조하게 만들고,
무거운 어깨를 더 짓누르고,
다른 사람과 비교하고, 초라하게 만드는 말들

어느새 당신의 마음이 까맣게,
상처만 멀겋게 남아 있지는 않나요?

뭐해 먹
난 늦었어
난 못해
더 바쁘
더 멀리
더 많이
복해지려면
야지, 더 가져야지
넌 안되겠다
맞을까
맞는걸까?
또
떨어졌어?
에휴...
왜 나야?
외로워,,,
돈만 많았어도...
우울해...
사라지고 싶다
넌 도대체
제대로 하는게 뭐니?

그 상처를 누군가에게서, 어떤 상황으로부터 치유하려 하지 말고
당신을 가장 잘 아시며,
당신의 아픔까지도 다 아시는 주님께 맡겨 보세요

온

넌 도대체
제대로 하는게 뭐

예수님은 당신의 상한 마음 다 아세요.
당신이 "도와주세요, 주님"이라고 말하기를
기다리고 계신답니다.

매일매일 당신의 마음을 깨끗하게 정돈해 주시고
뽀득뽀득 청소해 주시는 예수님을 만나 보세요.

/ 비록 다를지라도

우리는 모두 생김새도, 성격도, 살아온 환경과 처한 상황도 다 달라요. 취미, 관심사, 생각하는 방법, 가치관도 모두 다르죠. 우리는 나와 비슷한 사람들에게는 더 관심이 가고 애정이 가는 반면에 나와 다르다고 느껴지는 사람은 상대적으로 힘들게 생각될 때가 많아요.

그렇다면 예수님도 예수님과 비슷한 성향의 사람들만
사랑하셨을까요?

아니요!

예수님은 당신이 어떤 모습을 하든, 어떤 생각을 갖든, 어떤 상황에 처해 있든, 어떤 환경에서 자라 왔든, 혹여 오늘의 당신이 지난날들의 당신보다 못났다고 느껴지더라도 변함없이 당신을 사랑하세요.

꾸미지 않고, 포장하지 않아도 내 모습 그대로를 사랑해 주시는 주님. 잘하지 않아도, 잘나지 않아도 당신의 모습 그대로를 사랑해 주시는 주님. 당신의 존재 자체를 아름답다, 귀하다고 말씀해 주시는 예수님.

어느 누가 나를 이렇게나 사랑해 줄까요?
어디서 나를 이렇게나 애타게 찾을까요?

예수님이 그러하세요!

우리의 삶이
형통하기를 바랍니다
그래서 매 순간
함께하시는 예수님을
바라보길 원합니다

'형통하다'는 '모든 일이 뜻과 같이 잘되어 가다'라는 뜻입니다. 계획한 대로, 예상한 대로 일이 술술 잘 풀릴 때 '형통하다'라는 단어를 떠올릴 수 있지요.

하지만 '형통하다'의 진정한 의미는 '매 순간 예수님과 함께하는 것'입니다. 즉 형통한 삶이란, 내 인생이 계획한 대로 일이 잘 풀려서 잘 먹고 잘 사는 것이 아니라 어느 길을 걸어가든 예수님과 함께하는 삶을 말합니다.

그 길이 때로는 내 생각과 예상대로 되지 않을 수도 있지만 그래도 그 삶은 형통한 삶입니다. 왜냐하면 예수님과 함께 걸어가기 때문이지요.

우리의 삶이 형통하기를 바랍니다.
그래서 매 순간 함께하시는 예수님을 바라보길 원합니다.

/ 나의 삶을 맞바꾸어야 하나요?

왠지 예수님을 믿게 되면 그 순간부터 내가 지금껏 살아왔던 모든 삶을 포기해야만 할 것 같은 생각이 들 때가 있지요?

내가 좋아했던 것, 사랑하는 것, 즐겨 했던 것, 종종 찾았던 것….

물론 예수님을 만나면 이전에 갖고 있던 어느 것들은 멀리하는 게 예수님을 기쁘시게 하는 일일 수 있지만, 예수님은 당신에게 당신의 모든 것을 포기하라 강요하지 않으신답니다.

그저 당신이 어느 순간이든 예수님을 가장 사랑하고, 무엇보다 예수님을 가장 먼저 찾기를 원하세요.

그렇다면 '내 삶을 180도 바꿔야 한다'보단
'내 삶을 예수님과 함께한다'는 표현이 더 가깝겠지요?

내 삶과 예수님을 맞바꾸는 것이 아니라

내 삶을 예수님과 함께하는 것입니다

■이렇게 묵상하게 되었어요 ━━━▶

　예수님과 하루를 마무리하면 눈 빠지게 스마트폰만 들여다보다 잠들기보다는 왠지 예수님이 성경 속 인물이 나오는 책을 재밌게 읽어 주실 것 같다는 생각이 들어요. 그 포근한 분위기를 그림에 담아내 보았어요. 스케치 때는 겨울밤을 상상해서 그런지 두꺼운 이불과 겨울이면 빼놓을 수 없는 귤바구니를 그렸지요. 나름 노리고 그린 부분인데, 시계를 보면 12시 25분을 가리키고 있답니다. 바로 성탄절, 예수님의 생일이지요! 안그래도 늦은 밤에 책을 읽어 주시는 예수님의 목소리를 듣다 보면 어느샌가 잠들어 있을 것 같은 모습도 상상이 돼서 완성된 묵상 그림에는 이미 꿈나라로 떠난 아이도 그려보았어요.

5장 | 　　예수님의

/ 끊임없는 사랑

내 옆에 계신 주님을 모른 척하며 살아왔고,
나를 찾아오신 주님을 바라보지 않았고,
주님을 알아 가기보다 세상의 지식과 즐거움이 먼저였고,
잡은 손을 비집고 풀어 낸 것은 바로 나였어요.

그럼에도 주님은 여전히 나와 당신을 사랑하세요.
바다보다 더 넓고, 하늘보다 더 높은 그 사랑을 주고 싶어 하시죠.

세상이 말하는 그 어떤 대단한 것들도
나를 주님의 사랑으로부터 끊을 수 없어요.

놓고 살아왔던 주님 손을 잡고
그 사랑을 넘치도록 느껴 보세요.

높음이나 깊음이나
다른 어떤 피조물이라도
우리를 우리 주 그리스도 예수 안에 있는
하나님의 사랑에서 끊을 수 없으리라

로마서 8:39

/ 능력 안에서

내가 궁핍하므로 이런 말을 하는 것이 아닙니다.
나는 어떤 처지에 있든지 자족하는 법을 배웠습니다.
나는 궁핍에 처할 줄도 알고 풍부에 처할 줄도 압니다.
나는 배부르든 배고프든, 풍족하든 궁핍하든,
모든 형편에 처하는 비결을 배웠습니다.

빌립보서 4:11-12

이 고백은 사도 바울이 빌립보에 사는 성도들에게 보낸 편지 중 한 부분이에요. 바울은 예수님과 예수님을 믿는 사람들을 자비 없이 핍박했지만, 예수님을 만난 후 삶이 완전히 변화되었어요. 이전에는 자기가 속한 집단에서 정해 놓은 기준대로만 살아야 하는 사람이었고, 성공의 기준이 자신에게 있었지요. 그런 그가 예수님을 만난 후 이렇게 고백해요.

"가진 자도 되어 보고, 없는 자도 되어 보면서 깨달은 것은 내 힘이 아니라 내게 능력 주시는 예수님 안에서 모든 것을 할 수 있다는 것입니다."

당신도 언제 없어질지 모르는 것을 의지하지 말고, 어떤 상황에 처해 있든 그로부터 자유함을 주시는 예수님을 찾게 되기를 바라요.

바울의 고백이 당신의 고백이 되기를 기도합니다.

내게
능력주시는자
안에서
내가 모든 것을
할 수 잇느니라

빌립보서 4:13

예수님의 시제는
항상 현재이다

I'm here!

과거
PAST

현재
PRESENT

미래
FUTURE

/ 시제

이전에도 당신과 함께하셨고,
앞으로도 당신과 함께하실 예수님.
하지만 제일 중요한 시점은

예수님이 당신과 함께하고 계시는
바로 이 자리, 지금입니다.

장소에 상관없이, 시간에 관계없이
당신과 함께하시는 예수님을 만나보세요.
지금, 이 자리에 함께하시는 예수님을요.

사람의 눈에는
완벽하지 않을지라도
예수님의 눈에는
완벽한 당신의 길

완벽한 길엔 당신이 있어요

열심히 달려왔는데 제자리걸음인 것 같을 때, 끝없는 노력과 수고에도 별다른 변화가 없어 보일 때, 내가 애써 온 것들이 아무것도 아닌 것같이 느껴질 때가 있지요.

가장 높은 순위와 빛나는 결과만 돋보이는 세상에서 내가 걸어가고 있는 이 길은 부족한 것이 더 많은 결점투성이처럼 보이지만,

주님은 결과가 아닌 과정을 보시는 분이에요. 그 과정이 사람이 보기에는 완벽하지 않더라도 예수님이 함께 하시니 완벽합니다.

내가 작고 초라해도, 내가 하는 일이 별 볼 일 없이 느껴져도, 그 무엇보다 크신 예수님이 우리와 함께하시니 당신이 걸어가는 그 길이 완벽하고, 당신의 삶이 완벽합니다!

그러나 나는 하나님의 집에서
싱싱하게 자라나는 감람나무 같으니
내가 하나님의 한결같은 사랑을
영원히 의지하리라

시편 52 : 8 , 현대인의성경

/ 감람나무

올리브 나무라고도 불리는 감람나무는
팔레스타인에서 흔히 볼 수 있는 나무입니다.
이 나무는 기온이 높고 강수량이 적지만
이슬이 자주 내리는 곳에서도 잘 자라기 때문에
팔레스타인에서는 매우 소중한 나무로 취급이 되지요.
하지만 생장이 느려 10여 년쯤 지나야 열매를 맺고,
30년 이상이 지나야 수확다운 수확을 할 수 있다고 해요.
따라서 제대로 된 열매를 얻는다는 것은
큰 복과 평화를 상징하는데,
그 이유는 결실하기까지의 긴 기간 동안
대적들의 침공과 약탈이 없어야 가능하기 때문이라고 하네요.[*]

뒤를 돌아보았을 때 나 말고 아무도 없는 것 같은 허탈함,
스스로를 바라보았을 때
남들보다 뒤처지는 것 같은 두려움이 닥칠 때가 있지요.

하지만 주님이 나를 감람나무처럼 심으셨다면
이야기가 달라지지 않을까요?
당신의 때를 예비해 두고 계시는 주님을 의지합시다.
주님은 당신을 절대 놓지 않으시고,
당신의 때를 놓치지 않으시는 분이랍니다.

가스펠서브, 《라이프 성경사전》(생명의말씀사, 2006)

/ 한마디

언젠가 상황도 좋지 않고, 심적으로도 많이 힘든 때가 있었어요. 부족하다는 것을 알기에 더 열심히 해 왔는데, 그 열심을 채우고 나면 또 다른 열심과 노력이 필요하고, 그걸 채웠을 때에도 그다음이 생기고, 또 다음이 생기고… '누군가는 그 열심을 계속해서 채워 가고 이겨 내고 이루어 가고 있는데 나는 왜 이렇게 엄살이 심할까?'라는 생각에 좌절하기도 했고, 나와는 다르게 멀리멀리, 높이높이 뜀박질하는 사람들을 부러워하고 남몰래 질투할 때도 많았어요.

내 옆에 있는 사람들에게 고민 상담을 하기엔 괜히 걱정 끼치기도 싫고, 어떤 말에 더 큰 상처를 받을까 걱정되기도 했고, '안 그래도 다들 힘들고 어려운 시기에 내 우울함을 다른 사람들에게 옮기는 건 아닐까?' 하는 생각이 드니 선뜻 입을 열기가, 얘기하기가 무서웠어요.

그리고 얘기를 나누는 그 순간에는 괜찮을지 몰라도 금세 또 우울한 모습으로 돌아오기 십상이었지요. 이런 모습이 한두 번이 아니어서 더 속상했고, 내가 더 미웠어요. '지난번에도 비슷한 이유로 우울했는데 또 이러고 있네. 이 고민을 듣는 사람도, 예수님도 진짜 지긋지긋하시겠다'라는 생각이 마구마구 들자 주변 사람들에게는 도저히 얘기를 꺼낼 수 없었지요.

'하나님을 믿는다는 사람이 왜 이러지?'

이 화살이 나에게 향하자 자존감이 더 떨어졌고, 예수님께 죄송한 마음과 부끄러운 마음이 가득 찼어요. 그래서 자책하는 마음 반, '나 좀 봐 주세요' 하는 마음 반으로 얘기하듯 기도한 적이 있었어요.

하도 비슷한 이유로 넘어지고, 힘들어하니까 이번에는 예수님도 못 들은 척하실 줄 알았는데 (그럴 분이 아니시지만 스스로에게 실망이 컸던 터라 멋대로 생각했네요) 이렇게 말씀해 주시더라구요.

"충분히 잘하고 있단다."

누구나 하는 격려처럼 들릴 수도 있지만, 그 말을 누가 해 줬냐가 저에겐 엄청난 위로와 힘이 되었답니다. 그 누구도 아닌 나를 가장 잘 아시는 예수님이 말씀해 주셨으니까요.

지금도 여전히 종종 넘어지고 아파하기도 하지만 그전과 달라진 점이 있다면 예수님이 나와 함께하시고, 결국 나를 가장 좋은 길로 인도해 주신다는 믿음이 있어요. 그래서 전보다는 조금 더 빨리 훌훌 털어 버리고 일어날 수 있는 힘이 생겼답니다.

사람의 말 한마디도 위로가 되는데, 당신을 누구보다 가장 잘 아시고, 사랑하시는 분이 말씀하신다면 당신에게 얼마나 큰 힘이 될까요? 남은 인생을 살아가며 부딪힐 어려움과 고난을 모조리 이겨 낼 힘을 얻는다 해도 과언이 아닐 거라 확신해요. 각자의 상황과 형편을 아시는 주님이 당신에게는 어떤 위로를, 어떤 말씀을 해 주시는지 꼭 들어 보길 바라요.

내 속에
근심이 많을 때에
주의 위안이 내 영혼을
즐겁게 하시나이다

시편 94:19

/ 품 안에 있는 작은 조각들

'이번만 내려놓자'가 반복되어 살아가다 보면 어느새 내 마음속에서, 삶 속에서 찾아보기 힘든 것이 생깁니다. 사람을 살아가게 만드는 사랑과 사람을 꿈꾸게 만드는 소망입니다.

사랑하고 소망을 품으며 살기에는 따라오는 필요한 조건들이 너무나 많습니다. 그렇다 보니 이번에 한 번, 다음에 또 한 번, 그다음에 또…. 이렇게 하나씩 내려놓게 됩니다.

그러다가 세상을 살아가는 데 가장 필요한 사랑과 소망이 사라진 채 살아가는 사람들이 참 많습니다.

당신의 삶은 어떤가요? 당신의 마음속에는 사랑과 소망의 자리가 채워져 있나요?

지금껏 걸어왔던 나의 길 위에서 나조차 놓치고 살았던 나의 마음을 예수님은 단 하나도 놓치지 않으셨습니다.

나의 상한 마음을 아시고, 나를 돌보시는 예수님, 나를 끝까지 찾아오셔서 나의 마음을 채워 주시는 예수님.

그 신실하심 덕분에 사랑을 채워 가고, 소망을 품으며 살아갑니다.

/ 멈춤 신호

혹시 잠시뿐인 것들을 좇느라 숨 돌릴 틈도 없이 달리고 있지는 않나요? 잠깐뿐일 것들에 당신을 묶어 두고 있지는 않나요?

이 땅에서의 삶이 짧다면 짧고, 길다면 길지만 그 삶 안에서 우리가 좇으며 살고 있는 것들이 무엇인지 진지하게 생각해 보았으면 좋겠어요.

어떤 사람은 돈을, 어떤 사람은 명예를, 어떤 사람은 관계를, 또 어떤 사람은 또 다른 무언가를 좇으며 살고 있지만, 그것들은 모두 이 땅에서 끝나고 말아요.

그 잠깐의 것들만 바라보고 살아가기엔 우리의 하루가 너무 아깝지 않나요?

잠시뿐인 이 땅에서부터 우리가 영원히 의지하며 살아갈 수 있는 것이 딱 하나 있어요.

바로 '말씀'입니다.

영원한 말씀을 예수님을 통해 조금씩 알아 가요.
그리고 잠시뿐인 것들을 내려놓고,
영원한 것을 바라봐요.

잠시뿐인 것을 내려놓고
영원하신 예수님만 바라보아요

정지선을 지킵시다

정지
STOP

✝ 예수 그리스도 ✝

■ 이렇게 묵상하게 되었어요 ▬▬▬▬▶

'지금까지 살면서 이리 치이고, 저리 치이며 결국 바닥났을 사랑이 어떻게 나에게 남아 있지?'라는 생각을 한 적이 있었어요. 문득 지금껏 나도 모르게 잃어버리고 있었던 나의 마음들을 예수님이 뒤따라오시며 하나하나 다 챙기시고, 품 안에 모아두고 계시는 장면이 떠올랐지요. 그러고는 텅 빈 마음으로 엉엉 울고 있는 저에게 잃어버렸던 그 사랑을 하나씩 건네주시는 예수님을 묵상하게 되었어요.

'이 묵상을 어떻게 표현해야 마음을 잃어버린 허전한 나의 모습을, 내가 떨어트린 마음을 묵묵히 챙기고 계시는 예수님을 생동감 있게 그려낼 수 있을까?' 하는 고민을 했어요. 그래서 이 각도로 그리기도 하고, 저 각도로 그리기도 하다가 완성된 묵상 그림처럼 예수님이 나에게 점점 가까이 다가오시는 듯하게 그리게 되었어요.

무슨 뜻인가요? 궁금해요!

Shalom

/ 샬롬(Shalom)

'샬롬'은 히브리어로 '평화', '화평', '평안', '평강'이라는 뜻이에요.
전쟁이 없다는 뜻의 '평화'라는 말보다
더 풍부한 의미를 지니고 있지요.
대략 '안녕과 만족' 혹은 '완전함'이라고도 말할 수 있어요.
유대인과 그리스도인은 서로 만나고 헤어질 때 인사말로 사용해요.

예수님은 "너희에게 평강이 있을지어다"라는 말씀을 자주 하셨고,
작별 인사로 "평안히 가라"고 말씀하시곤 했어요.
그리고 예수님은 그분의 제자들에게 이 혼탁한 세상에서도
세상을 이기면 평화를 찾을 수 있다고 말씀하셨답니다.

오늘도 샬롬!

출처: J. 스티븐 랭 외 1인,《바이블 키워드》(들녘, 2007)

/ 아멘(Amen)

'아멘'이란 '의지한다', '의뢰가 된다'는 뜻을 가진
히브리어 '아만'에서 파생한 부사로
'진실로', '참으로', '확실히'란 의미를 지니고 있어요.

구약에서는 다른 사람이 말한 것에 동의를 표할 때나,
맹세나 저주의 결과를 기꺼이 받아들이겠다고 약속할 때
이 말을 사용했답니다.
또 기도나 찬양이 끝날 때
"진실로 그렇습니다. 그렇게 되기를 바랍니다"란 의미로
사용되었어요.
신약에서는 바울의 편지와 기도의 마지막에 쓰였지요.
예수님은 당신의 신적 권위를 나타내기 위해
'아멘'(진실로)이란 용어를 사용하셨습니다.

예수님은 하나님의 구원 약속의 성취자로
'아멘' 그 자체가 되십니다.

참고: 왕상 1:36; 신 27:15; 대상 16:36; 시 41:13; 고전 14:16; 계 3:14

아멘
Amen

/ 주일(Lord's day)

'주일'은 예수님이 부활하신 날로,
'주의 날'(Lord's day)이라는 뜻입니다.

또한 구원받은 은혜를 기억하고 감사하는 날로서,
예수님이 십자가에서 죽으심으로 구원의 길을 완성하신 후부터
부활하신 날을 기념하여
안식일(토요일) 대신 주의 날,
곧 주일(일요일)을 성일로 지키게 되었습니다.
신약에서의 주일은
영원한 천국의 안식을 미리 보여 주는 표징이 되는 날이기도 합니다.

출처: 가스펠서브, 《교회용어사전: 예배 및 예식》(생명의말씀사, 2013)
참고: 신 5:15; 계 1:10; 히 4:1

/ 할렐루야(Hallelujah)

할렐루야!
교회에 가면 쉽게 들을 수 있는 단어예요.
성도끼리 인사를 할 때, 또는 찬양을 부르면서
기쁨이나 감격을 표현할 때 감탄사처럼 많이 불리기 때문이에요.

'할렐루야'는 세 히브리어 단어로 구성된 합성어랍니다.

'찬양하다', '경축하다', '영광 돌리다', '노래하다',
'자랑하다'라는 뜻인 '할랄'과
'너희'라는 뜻의 '루',
그리고 '여호와'라는 뜻인 '야'가 합쳐진 말이지요.

따라서 '할렐루야'는
'너희들아, 여호와를 찬양하여라'라는 뜻이 담겨 있답니다.

할렐루야!
우리 함께 우리를 구원해 주신 하나님을 찬양하고,
하나님께 영광을 돌리고,
하나님을 자랑합시다!

출처: 가스펠서브, 《교회용어사전: 교회 일상》(생명의말씀사, 2013)